Gesetzt nach neuer Rechtschreibung
Die Originalausgabe erschien 1998 unter dem Titel
Le Jardin de Max et Gardénia bei Albin Michel Jeunesse

Satz im Gerstenberg Verlag
Printed in Italy
ISBN 3-8067-4296-0

00 01 02 03 04 5 4 3 2 1

MAX UND GARDENIA VOM GEMÜSEGARTEN

Fred Bernard · François Roca

MAX UND GARDENIA VOM GEMÜSEGARTEN

Aus dem Französischen von
Christiane Filius-Jehne

GERSTENBERG VERLAG

Karotten, Petersilie, Kohl und Lauch, ein Apfelbaum, ein Birnbaum, eine Linde und Erdbeeren.

Das ist die kleine Welt von Max und Gardenia.

Dann gibt es auch noch das alte Haus, dessen Tür zum Garten den ganzen Sommer über offen steht, und eine alte Eichentonne, in der das Regenwasser aufgefangen wird.

Max und Gardenia sind gleich alt, sie sind übrigens auch am selben Tag geboren: Max im Keller und Gardenia auf dem Dachboden des Hauses. Sie sind zusammen aufgewachsen, haben mit denselben Fliegen im Haus gespielt und mit denselben Schmetterlingen im Garten. Und, anders als sonst üblich, sind aus einer roten Katze und einer grauen Maus Freunde geworden. Aber während Max noch ein unerschrockener und verspielter junger Kater ist, ist Gardenia bereits eine vernünftige und verantwortungsbewusste Maus. Sie ist Mutter von etwa sechzig Kindern und Großmutter einer unermesslich großen Anzahl kleiner Mäuschen.

Deshalb ist es ganz selbstverständlich, dass Gardenia ein Auge auf Max hat und sie sich niemals trennen.

Sie führen ein friedliches Leben zwischen dem alten Haus und dem kleinen Garten. Aber das Paradies von Max und Gardenia ist ein goldener Käfig, denn den Gemüsegarten umgibt eine hohe Steinmauer. Und auf der Mauer spukt Tag und Nacht eine sonderbare finstere Gestalt herum.

»Kletter niemals auf die Mauer, sonst frisst dich die SKvM!!!«, sagt Max' Mama ohne Unterlass. »Kletter niemals ...« Max kann es schon nicht mehr hören. Er würde gern auf die Mauer steigen und nachschauen, was dahinter ist.

Eines Tages verrät ihm die Maus, was es mit dem Tier auf sich hat, von dem stets nur ein flüchtiger Schatten zu sehen ist und über das niemand zu sprechen wagt. »Die SKvM, Max, das ist die Schwarze Katze von der Mauer! Wer auf die Mauer klettert, den verschlingt sie. Ein paar von meinen Kindern waren zu neugierig und mussten diese schreckliche Erfahrung machen.«

Max hängt gespannt an Gardenias Lippen: »Eine Katze, bist du sicher, dass es eine Katze ist?«

»Ja, eine riesige schwarze Katze, wild und ohne Schwanz. Ein Hund hat ihn ihr abgebissen, als sie einmal auf die andere Seite sprang. Seither kommt die Schwarze Katze von der Mauer nie mehr herunter, sie lebt dort oben und ernährt sich von denen, die versuchen die Mauer zu überwinden. Die SKvM ist zur Wächterin der Mauer geworden. Was ihre seltsamen Initialen betrifft, so behauptet der alte Kröterich, dass es sich dabei um eine alte Tradition handele, die von der anderen Seite stamme.«

Max platzt fast vor Neugier.

Seit einiger Zeit hören die Bewohner des Gemüsegartens und des Hauses gellende Schreie und schallendes Gelächter von der anderen Seite der Mauer her.

Die Elster berichtet, sie habe beunruhigende Schatten in der Gegend herumschleichen sehen.

Der alte Kröterich, der sich unter der Eichentonne verbirgt, beteuert lautstark, es handele sich um Geister der Vorfahren. Das Gerücht verbreitet sich rasch.

»Ohne Quaaatsch, Max, ohne Quaaatsch!«, hält der Lurch hartnäckig an seiner Behauptung fest.

Sofort schaltet sich Gardenia ein: »Erzählen Sie doch nicht solch einen Unsinn, Sie versetzen ja den ganzen Garten in Angst und Schrecken mit ihren übernatürlichen Erklärungen!«

»Aber ich glaub' ihm!«, sagt Max voller Überzeugung. »Du hast immer behauptet, Gardenia, der Kröterich von der Tonne sei ein alter und weiser Ratgeber.«

»Er ist alt und weise, aber auch ein wenig verrückt. Man darf nicht immer alles wortwörtlich nehmen, was er sagt!«

»Denkt, was ihr wollt!«, brummt der Kröterich. »Ich weiß, es klingt nach Quaaatsch, aber ich spüre es, dass sie aus einer anderen Welt sind. Da steht uns noch viel Quaaal bevor. Ohne Quaaatsch! Ohne Quaaatsch!«

Noch am selben Abend, zu der Stunde, da sich die Kleeblätter schließen, findet ein schrecklicher Kampf zwischen der Schwarzen Katze von der Mauer und den Geistern der Vorfahren statt.

Von einem Fenster des Hauses aus werden Max und Gardenia unmittelbar Zeugen einer äußerst gewalttätigen Szene auf der Mauer.

Zwei haarige Bestien mit verzerrten Gesichtern versuchen schreiend und wild gestikulierend die große schwanzlose Katze zu fangen. Aber die SKvM ist stark und schnell. Sie hat Übung darin, sich auf der Mauer zu prügeln. Das ist IHRE Mauer!

Die geheimnisvollen Angreifer geben den Kampf auf und verschwinden lachend, wie sie gekommen sind.

Die SKvM bleibt einen Moment lang zitternd und außer Atem in einem Mauerwinkel sitzen, vor den Augen der beiden Freunde, die wie versteinert sind.

Alarmiert durch die Schreie und das Gelächter kommt Max' Mutter, die auf einem Wohnzimmersessel vor sich hin gedöst hat, in den Gemüsegarten gelaufen. Da, auf einmal tauchen dort die beiden furchtbaren Bestien auf, stürzen sich auf sie und entführen sie. Unter den entsetzten Blicken von Max und Gardenia wird Max' Mutter hinter die Mauer geschleppt.

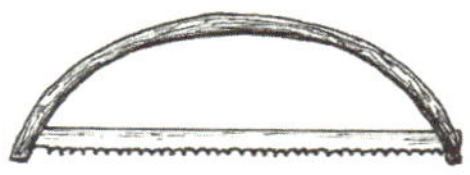

»Mama!«, schreit Max.

»Bleib hier!«, ruft ihm Gardenia zu.

Zu spät! Max stürzt los, um die Mauer zu überqueren, und prallt mit der SKvM zusammen.

»Halt!«, befiehlt diese und blickt mit ihren gelben Augen fest in die grünen von Max. Er sieht das Tier zum ersten Mal von nahem.

»Sie haben meine Mama mitgenommen! Bitte ...«, fleht Max.

»Nein!«, brüllt die schwarze Katze und lässt sich auf ihrem Mauerwerk nieder. »Du gehst nicht über meine Mauer, nicht heute Abend! Das ist zu gefährlich. Diese teuflischen Kreaturen sind keine Tiere. Sie sind schlimmer als der RHvP!«

»Der RHvP? Lassen Sie mich vorbei, ich bitte Sie!«

»Das ist der Rote Hund vom Park, kleiner Dummkopf, der, der mir meinen Schwanz abgerissen hat! Das reicht! Geh nach Hause! Morgen früh erfährst du mehr. Halt dich von der Mauer fern, sonst ...«

Die riesige schwarze Katze lässt ihre langen Krallen im Mondlicht blitzen und verschwindet in der Nacht.

Bei Tagesanbruch sitzen Max und die SKvM Seite an Seite auf der Mauer.

Gardenia hatte große Mühe den verzweifelten und verängstigten Max die Nacht über im Haus zu halten. Besorgt streicht sie umher und beobachtet das Geschehen.

Max öffnet weit seine Augen und entdeckt das Reich hinter der Mauer: einen riesengroßen Park mit grünem Rasen, weißen Kieswegen, Hecken und Statuen, Bänken und Wasserbecken, Springbrunnen und Rosenbeeten, Gewächshäusern und Gartenlauben, Treppen und Fußgängerbrücken, hundertjährigen Bäumen und gewaltigen, in Form von Tieren geschnittenen Büschen.

Eine neue Welt eröffnet sich Max.

Die SKvM wendet sich langsam dem kleinen roten Kater zu.

»Ich bin gestern Abend noch einmal mit dem Schrecken davongekommen. Sie haben vor zwei Tagen den Roten Hund vom Park mitgenommen, gestern die Siamkatzen, die Goldfische und die chinesischen Karpfen aus dem Bassin, die kleine Ziege aus dem Stall und das Ferkel, die Schildkröte, die Hühner und sogar den tapferen Hahn, und diese Nacht deine Mutter ... Wir müssen etwas unternehmen, koste es, was es wolle. Die Vögel wagen sich nicht mehr in den Park. Bis jetzt hattet ihr Glück in eurem Gärtchen. Die Parkgeister schienen euch verschonen zu wollen. Aber nun ...«

Der Blick der SKvM verliert sich in den fernen Alleen des Parks. »Ich kenne sämtliche Mauern rund um diesen kunstvollen großen Garten in- und auswendig. Aber ich habe seit Ewigkeiten keine Pfote mehr hineingesetzt. Es ist jetzt an der Zeit, meinen Schwur zu brechen. Ob Ungeheuer oder Gespenster, ich möchte jetzt Gewissheit haben.«

Und mit einem gewaltigen Satz springt sie in den Garten.

»He! Wir kommen mit Ihnen!«, ruft Max, dem sich mittlerweile Gardenia angeschlossen hat.

»Wenn ihr wollt. Wir werden deine Mutter und die anderen finden. Gemeinsam sind wir stark, heißt es doch, nicht wahr?«

Die drei Kameraden schlängeln sich bäuchlings durch die Blumenbeete. Max fühlt sich bereit, der ganzen Welt die Stirn zu bieten.

Die SKvM bleibt einen Moment stehen und deutet mit dem Kinn auf Gardenia: »Wer ist denn diese alte Maus in deiner Begleitung, Kleiner?«

»Sie ist nicht alt. Sie ist so alt wie ich und sie ist eine Freundin und ausgezeichnete Ratgeberin.«

Die kleine Nagerin richtet sich stolz und erstaunt auf. Das ist das erste Mal, dass sie hört, wie Max ihre Qualitäten rühmt.

»Sie heißt Gardenia, und ich, ›der Kleine‹, bin Max. Sie wird uns nützlich sein, das schwöre ich Ihnen. Ich habe vier Pfoten und sieben Leben, rede aber nur mit einer Zunge.«

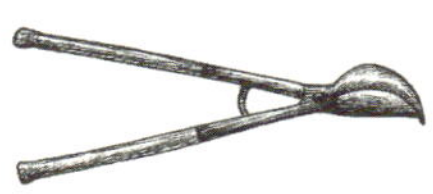

Ein Lächeln huscht über das Gesicht der SKvM. Sie mag Max. Gardenia ist beruhigt. Sie klettert auf den Rücken von Max, um sich ein wenig auszuruhen.

»Lasst uns das Weiße Kaninchen vom Labyrinth aufsuchen. Wenn noch einer da ist, dann das WKvL.«

»Ein weißes Kaninchen in diesem Park? Das ist ja nett ...«, sagt Max.

»Das WKvL ist alles andere als nett, Max. Es ist äußerst bösartig. Es strolcht seit ewigen Zeiten durch den Heckenirrgarten in der Mitte des Parks. Es hat ein zweites Labyrinth gebaut, ein höchst kompliziertes und unzugängliches Netz von unterirdischen Gängen. Nur das WKvL findet sich darin zurecht. Man weiß, dass es das WKvL gibt, aber man sieht es nie. Wer in sein Reich eindringt, kehrt niemals wieder ...«

»Was passiert einem denn dann?«

»Es heißt, man wird gefressen ...«, antwortet die SKvM kühl.

Große Büsche in der Form von Nashörnern, Elefanten, Giraffen oder Dinosauriern beschatten die Wege und Rasenflächen. Die drei Verbündeten haben noch nie solche Tiere gesehen. Max und Gardenia sind begeistert von der Schönheit der Blumen, der Schwindel erregenden Höhe mancher Bäume und der unermesslichen Größe der Wasserbecken: Die haben nichts gemein mit dem kleinen Tümpel in ihrem Gemüsegarten. Misstrauisch bewegen sie sich Schritt für Schritt vorwärts. Der Park scheint verlassen zu sein. Nicht ein Laut. Abgesehen von dem leichten Kratzen direkt unter den Pfoten von Max. Der Boden wackelt. Die Erde bewegt sich. Ein Maulwurf erscheint.

»Guten Tag, läuft alles nach Wunsch, ihr Burschen?«, ruft der Maulwurf.

»Wir sind auf dem Weg zum WKvL!«, knurrt die schwarze Katze.

»Ach, zu diesem Verrückten! Ab und an stoße ich auf seine Gänge, das mag das weiße Kaninchen überhaupt nicht. Aber es bringt mich immer furchtbar zum Lachen!«, kichert der Maulwurf.

»Es hat Sie nie gefressen?«, fragt Max erstaunt.

»Mich fressen? Ha, ha, ha! Ihr glaubt an dieses alberne Gerede? Es tut keiner Fliege was zuleide! Es ist ein Feigling sondergleichen und zudem ein guter Schauspieler, das ist alles! So, ich gehe jetzt: Ich muss einen Schatz ausgraben. Eine Truhe voller Regenwürmer. Und macht euch keine Gedanken wegen der Knochen vor dem Eingang zum Bau des WKvL. Der Rote Hund vom Park gibt sie dem weißen Kaninchen immer im Austausch gegen kleine Gefälligkeiten, um es einzuschüchtern. Viel Erfolg weiterhin!«

Danach begegnen die beiden Katzen und die Maus Engeln von rührender Anmut, bedrohlichen Rittern, zauberhaften Prinzessinnen und geflügelten Drachen, die die Zähne fletschen.

Der Weg mündet in einen kleinen Wald voller verschlungener Pfade: das Labyrinth des WKvL. Ein Stück weiter, leicht zu erkennen an dem Haufen von der Sonne ausgebleichter Knochen, ist der Eingang des Kaninchenbaus.

»Kaninchen! Kaninchen! Bist du da, WKvL?«

Kurz darauf ertönt eine dumpfe Stimme aus dem Tunnel: »Wer hat es gewagt, meinen Namen auszusprechen?«

»Ich, die SKvM, die Schwarze Katze von der Mauer. Meine Freunde und ich würden dir gern ein paar Fragen stellen.«

Angriffslustige kleine rote Augen blitzen im Dunkeln und die Stimme aus dem Jenseits setzt erneut ein: »Ihr scheint nicht zu wissen, mit wem ihr es zu tun habt!«

»Aber doch!«, antwortet Max. »Sie sind das Weiße Kaninchen vom Labyrinth.«

Die roten Augen verengen sich, die mächtige Stimme fährt fort: »Ihr habt also den Haufen Skelette zu euren Füßen nicht bemerkt?«

»Doch, doch! Aber ich kenne keine Furcht«, erwidert die SKvM gereizt. »Wir wissen ganz genau, dass der Hund sie dir bringt.«

Die roten Augen weiten sich. Die Stimme sagt erstickt: »Ach ja! Wer hat das gesagt?«

Die SKvM steckt ihre dicke Pfote in das Loch und zieht das weiße Kaninchen hervor. Es wehrt sich, so gut es kann.

»Lassen Sie mich los! Ich bin äußerst bösartig! Ich werde Ihnen sehr weh tun!«

»Das reicht«, befindet Max, »wir haben keine Zeit zu verlieren. Es geht hier um Leben und Tod! Zwei Ungeheuer haben meine Mama entführt!«

»Oh je! Da kann ich leider nichts für euch tun. Man hat sie wohl zusammen mit den anderen in das alte Herrenhaus geschleppt.«

»Welches Herrenhaus?«, unterbricht Max.

»Das Herrenhaus des Grafen Jamay von Santroy am Ende des Parks. Wieso, kennt ihr noch ein anderes?«, fragt das Kaninchen beunruhigt.

Die SKvM setzt es auf den Boden: »Zeig uns unverzüglich den Weg dorthin!«

»Nein, nein und nochmals nein! Ich mag keine alten Herrenhäuser, darin spukt es. Außerdem gibt es hier seit kurzem böse Geister, die Angst und Schrecken im Park verbreiten. Es ist das Haus des Teufels geworden!«

»Dieses Kaninchen ist schlimmer als der Kröterich von der Tonne«, spottet Gardenia. Und die Maus droht schließlich: »Pass auf, du kommst mit uns oder die SKvM frisst dich bei lebendigem Leib und du landest auf deinem eigenen Knochenhaufen.«

»Gut, gut! Aber anschließend müsst ihr mich zu meinem Labyrinth zurückbringen. Ich habe Angst hier draußen Ärger zu bekommen.«

Zu viert trotten sie unter den Libanonzedern entlang und werfen ängstliche Blicke in alle Richtungen. Das weiße Kaninchen glaubt überall böse Geister zu sehen. Plötzlich lässt der erschreckte Schrei eines Vogels die vier hochfahren. Das WKvL klammert sich an Max.

»Da ist nichts!«, beruhigt es die schwanzlose Katze. »Das ist nur der aufgeregte Eichelhäher.«

»Der was?«, fragt Max verängstigt.

»Der Ei-chel-hä-her.«

»Da, schaut!«, schreit das WKvL. Zwei schwarz behaarte Kugeln klammern sich an die Äste und hangeln sich von Baum zu Baum.

»Wir sind verlo...!«

Die schwarze Katze schmeißt sich bäuchlings auf das Kaninchen, drückt es zu Boden und schneidet ihm die Luft und das Wort ab. Max duckt sich ins Gras, Gardenia drückt sich gegen seine Wange. Die zwei schwarzen Kugeln haben es eilig und fliegen, hämisch lachend, über sie hinweg, ohne sie zu sehen. Sie sind noch einmal mit dem Schrecken davongekommen. Das WKvL zittert an allen Gliedern.

Die schwarze und die rote Katze, das weiße Kaninchen und die graue Maus nähern sich endlich dem Herrenhaus des Grafen Jamay von Santroy.

»Hier wohnen also die Geister«, sagt die SKvM. Die vier klettern langsam die Stufen der großen Steintreppe hoch. Die Tür ist nur angelehnt.

Gardenia übernimmt die Rolle der Kundschafterin und schlüpft hinein.

Etwas später kehrt sie aufgeregt zurück.

»Du hast dir Zeit gelassen«, bemerkt das Kaninchen.

»Auf diesem Stockwerk ist alles ruhig, aber da oben herrscht ein Teufelslärm, so als ob tausend gepeinigte Seelen in der Hölle schmoren würden«, berichtet Gardenia.

»Ich habe es euch doch gesagt, in dieser alten Bruchbude spukt es, das ist ganz offensichtlich«, murrt das Kaninchen, das mit den Nerven ziemlich am Ende ist.

»Ich geh nach oben!«, verkündet die SKvM.

Sie betritt die Eingangshalle, Max folgt ihr auf den Fersen und diesem folgt ganz, ganz dicht das WKvL. Gardenia beendet den Zug.

Das Kaninchen drückt sich an Max, als sie an geschlossenen Reihen mittelalterlicher Rüstungen vorbeikommen, die den Gang bewachen.

»Habt ihr diese Dinger gesehen? Ich hab's euch gleich gesagt, diese Geschichte wird böse enden.«

»Psssst! ...«

»So, da sind wir.«

Im ersten Stock sind hinter einer riesigen Tür beängstigende Laute zu hören.

»Ganz bestimmt ist das die Tür zur Hölle. Ich hau ab!«, grummelt das WKvL.

»Sehr gut! Geh nur allein zurück zu den ganzen Rüstungen im Erdgeschoss!«, schimpft die SKvM wütend.

Sie will die Tür aufdrücken, aber da öffnet sie sich schon von alleine. Die vier Kameraden stehen wie gelähmt da.

Ein großer roter Samtvorhang bewegt sich leicht vor ihrer Nase. Klagelaute, erstickte Schreie, lange Seufzer und allerhand Gebrumme und Gegrunze dringen durch diesen unheimlichen Stoff.

»Kommt mir nach. So passiert euch nichts«, flüstert die große schwarze Katze.

»Also ich gehe trotzdem nicht mit«, erwidert das WKvL.

Die anderen zucken mit den Achseln und schlüpfen vorsichtig durch den schweren Vorhang hindurch.

Großes Erstaunen!

Alle sind sie da, in einer riesigen Küche! Der große Rote Hund vom Park ist an einen Heizkörper angebunden, seine Nase steckt in einem Fressnapf. Die Siamkatzen sitzen, wie Rouladen mit einem Seil zusammengeschnürt, auf schmiedeeisernen Stühlen. Die chinesischen Karpfen rangeln im Spülbecken. Die Goldfische planschen dicht gedrängt in Wassergläsern. Die kleine Ziege steht auf dem Herd, angebunden am Ofenrohr. Auch das Ferkel ist am Backofen festgemacht. Die Schildkröte steckt eingezwängt im Schnellkochtopf. Die Hühner und der Hahn sind ebenfalls gefangen, jene in einem Sieb, dieser in einem Salatkorb.

Und schließlich ist da die Mutter von Max, die, eingesperrt in einem vergitterten Vorratsschrank, mit dem Kopf zwischen den Pfoten ihr ganzes Unglück beweint.

Max und Gardenia schauen sich beruhigt an. Alle sind gesund und wohlbehalten. Noch keiner von ihnen hat die Anwesenheit der Eindringlinge bemerkt, bis plötzlich das Kaninchen unter dem Vorhang hervorstürmt und auf den Fliesen ausrutscht.

»Da sind sie! Da sind sie! Die bösen Geister kommen!«

Sie haben gerade noch Zeit, unter den Tisch zu flüchten, als sich mit einem Ruck der Vorhang öffnet und zwei struppige Ungeheuer zum Vorschein kommen. Sie stehen auf ihren Hinterbeinen und ihre Gesichter sind zu einem grimassenhaften Grinsen verzogen; anstelle der Augen haben sie schwarze Löcher. Die dicken behaarten Arme beladen mit Konservendosen, Taschen voller Körner und Brot, spazieren sie ins Zimmer. Ihr abscheuliches Hohngelächter erfüllt den Raum.

In diesem Moment erschallt wie ein Donnerschlag eine Stimme im Flur des Herrenhauses!

»Wo seid ihr? Leo! Pepe!«

Schwere Schritte nähern sich eilig der Küche. Die Teufel lassen ihre Einkäufe fallen und stürzen nun selbst unter den Tisch. Panik bricht aus! Die zwei Behaarten, die SKvM, das WKvL, Max und Gardenia, sie alle schreien durcheinander und machen sich gegenseitig Angst. Ein jeder rennt, will fliehen, aber wohin?

Zwei Männer poltern herein.

Der eine ist sehr elegant gekleidet und trägt ein Monokel, der andere hat eine Schürze um und einen Strohhut auf dem Kopf: Graf Jamay von Santroy und sein Gärtner Martin.

Die Tiere laufen kreuz und quer durcheinander und veranstalten einen ohrenbetäubenden Lärm.

»Mein Gott, was haben sie diesmal angestellt?! Reißen Sie die Türen auf, Martin! Treiben Sie diesen Zoo aus meiner Küche! Und zwar schnell!«

»Sehr wohl, Herr Graf.«

»Nein, warten Sie, Martin, versuchen Sie lieber Leo auf dem Kronleuchter zu fangen. Ich schnappe mir Pepe unter dem Schrank. Wir stecken zuerst die beiden wieder zurück in ihren Käfig.«

Als die Ungeheuer bezwungen sind, halten sich unsere vier Kameraden immer noch unter dem Tisch versteckt. Um sie herum flattert das Federvieh, das sich während des Tumults befreien konnte.

»Sie bedienen sich für die Durchführung ihrer Heldentaten meiner Sammlung afrikanischer Masken! Diese zwei Schimpansen sind untragbar!«
Die beiden Affen nehmen die Masken ab und sehen wieder wie Tiere aus. Den gefangenen Tieren bleibt vor Erstaunen fast die Luft weg.
»Das haben Sie gesagt, Herr Graf! Zum Glück hat mich der Lebensmittelhändler aus dem Dorf benachrichtigt, dass sie alle möglichen Nahrungsmittel geklaut haben, um die kleine Truppe zu füttern. Sie sind wirklich intelligent: Sie können nicht nur ihren Käfig öffnen, sondern auch Konservendosen für Hunde und Katzen. Verfluchte Biester!«
»Hören Sie auf, Martin! Sie waren wirklich etwas blind auf beiden Augen! Es reicht, dass ich ein paar Tage weg bin, und schon herrscht hier das reinste Tohuwabohu.«
»Ich habe so viel Arbeit überall im Park, Herr Graf. Ich kann nichts dafür, wenn Leo und Pepe gern mit den anderen Tieren Menschen spielen. Ich glaube, es ist Zeit, dass sie in ihre Heimat zurückgebracht werden.«
»Ich weiß, Martin. Ich weiß.«
Einer nach dem anderen erhalten die gefangenen Tiere ihre Freiheit zurück. Die vier Freunde nutzen das Durcheinander, um auch zu entkommen.

CACAO

In der Mitte des Labyrinths findet eine außergewöhnliche Zusammenkunft statt. Ende gut, alles gut, ja sogar besser. Max hat seine liebe Mutter wieder. Der RHvP entschuldigt sich bei der SKvM wegen der Geschichte mit dem Schwanz; er hat es nicht mit Absicht getan. Die SKvM verzeiht ihm und verspricht von ihrer Mauer herunterzukommen und jeden, der will, durchzulassen. Das WKvL gewährt freien Zugang zu seinem Labyrinth, unter der Bedingung, sich nicht darin zu verlaufen.

»Sonst fress ich euch bei lebendigem Leib«, stellt es lachend klar.

Was das Schimpansenpaar, die Unruhestifter Leo und Pepe, betrifft, so hat der Graf sie in den Kongo zurückgebracht. Er wird von dort neue Masken für seine Sammlung mitbringen.

Schließlich haben Max und Gardenia, da sie wie die SKvM, der RHvP und das WKvL zu echten Helden in dem Herrenhaus geworden sind, ihren Adelstitel erhalten. Sie heißen jetzt die GMvG und der RKvG, die Graue Maus und der Rote Kater vom Gemüsegarten. Aber untereinander nennen sie sich immer noch Max und Gardenia.

Ende